Sammlung Luchterhand 2056

Ernst Meister (1911–1979) wurde neben vielen anderen Preisen 1976 mit dem Petrarca-Preis und 1979, posthum, mit dem Georg-Büchner-Preis ausgezeichnet. Er war ein Dichter der letzen Dinge. Ihn beschäftigte der Grund unseres Daseins, und damit auch die Liebe, ein Leben lang. In seinen puritanisch knappen Versen nahm er keine Rücksicht auf Moden. Die Liebesgedichte, die Ernst Meister in über vierzig Jahren geschrieben hat, finden sich in diesem Band versammelt.
»Ernst Meister ist nicht nur ein Dichter des Todes, er ist ebenso ... ein Dichter der Liebe. Einer Liebe freilich, die immer der unmittelbaren Konfrontation mit dem Ende, dem Tod ausgesetzt ist ... Ihre Endlichkeit ändert jedoch nichts an ihrer Besonderheit, denn sie ist die ›einzige Gewalt‹, das einzige Wissen, das bis in den Tod hineinreicht und von dem aus die menschliche Existenz ›Sinn erhält‹.«
Reinhard Kiefer

Ernst Meister
Der Schnee in deinem Namen

Liebesgedichte

Herausgegeben
und mit einem Nachwort
von Reinhard Kiefer

Luchterhand

Mit freundlicher Genehmigung
der Rimbaud Verlagsgesellschaft mbH, Aachen
© 1987 Rimbaud Verlag GmbH
© 2003 für diese Ausgabe: Luchterhand Literaturverlag, München,
in der Verlagsgruppe Random House GmbH
Fotografie Seite 2: Archiv Rimbaud Verlag, Aachen
Umschlagkonzeption und -gestaltung:
R·M·E / Roland Eschlbeck
Druck und Bindung: Elsnerdruck, Berlin
Alle Rechte vorbehalten. Printed in Germany
ISBN 3-630-62056-6

Liebestod zweier Worte

Kindin geht über einen Gang.
Hündin ist deswegen krank.
Kindin liebt den zarten Schrein.
Hündin liebt auch den zarten Schrein.
Sie machen beide die Augen zu.
Sie setzen sich wie zwei Damen auf einen Stuhl.

Das schöne Märchen

Bilder. Bögen. Buch.

Der Prinz winkt der Prinzessin zu.
Die Pagen lächeln ohne Ruh.
Die Brücke und der Hochzeitszug.
Das schöne Märchen weiß genug.

Die Umgürtung

Nimm diesen Gürtel und sperre darein
alle Knaben aus Griechenland,

und lasse leuchten daran das rote Garn und das Gold
und das weiße Wunderbare der Nacken.

Der Knabe

I

Er malt aufs Augenlid die ersten schönen Tage.
Er liebt es, seinen bleichen Finger anzusehn.
Sein junger Mund spielt noch mit keiner Frage.

Er meint sehr häufig, seinen Tod zu unterlassen.
Die schönen Särge müssen ferne stehn.
Ihn zwingt es manchmal, Ränder anzufassen.

Der bleiche Finger zögert, über den
das sehr Verderbliche nicht aufhört zu ermatten.
Den süßen Odem muß sein Mund beschatten.

II
Seine einigen Lippen hatten die Götter besessen
 gemacht.
Er hatte mit klaren Schenkeln die purpurnen Flüsse
 überdacht.
Er hatte Unsterbliches mit seinem Winken geliehn
und den jubelnden Völkern Namen und Liebe verziehn.

Den reinsten Kuß vertrank er,
wenn der große Stern am tiefsten stand.
Aller Welt versank er,
wenn der Stern entschwand.

Allen glutenden Hellen
goß er den Samen überaus ins Gewand.
Feuer mußten zerschellen,
wenn er sein Weinen verstand.

Liebende in herbstlicher Nacht

Du sprichst von Liebe
mitten in dem Laub des Herbstes,
das beim Kusse sich
zwischen die Lippen legt,
kühl, an den Sommer innernd,
doch auch faulig süß.

Und wenn wir gehen an dem Fluß entlang,
an einem Strom, der wie von Sternen kommt,
so eisig schon, – in Schatten flutend fort
der Nacht, durch die wir so
mit ihm verschwistert sind,
ist auch der Liebe Hall
in unsern Herzen groß.

Doch sprechen leise
sich die Lippen an,
damit der Ton der Nacht
nicht allzu schwärmend hallt. –
Sie ist so groß die Nacht,
so ausgeräumt,
da nur noch Äste stehn.
Kein Wipfel,
der dem riesigen Nichtsgefühl
ein Kleid sein kann.

Es komme Winter schon …
Wenn auch um alles sich
ein Kranz von harschem Schnee
und bittrer Schärfe preßt,

wenn Blut erfriert
und Flüsse starren fest, –
von Liebe schwillet unser Hauch indes
und grünen wird es bang
von unserm Schritt.

Abend in San Bartolommeo

Zwischen Reben, zwischen Rohren
sitz ich weltzuhaus und weltverloren,
denn du bist nicht hier.

Droben an dem Fels streicht hin die Abendsonne.
Ach, es wäre Wonne,
säh' ich es mit dir.

Nachdem du gingest

Im kalten Zimmer denk ich an dich.
Die einzige Rose, die du im abgeernteten Garten noch
  fandest,
steht im schmalen geätzten Trinkglas vorm Fenster, das
  mir den Garten öffnet.
Noch hängt der Morgennebel in den schütteren Kronen
  der Bäume ...
Aber schon werdet ihr sichtbar, die ihr die Äste nicht
  losLaßt,
ihr übernächtigten Früchte!
Warum sammeln in irdene Schüsseln zum Vorrat euch
  nicht
die Geister der kühlen Oktobernächte?
Birne, deren Fleisch sich schon schwärzt,
du freilich schmeckst niemandem mehr!

Da dringt die Sonne hervor, und das Zimmer erhellt sich.
Die Schale der Muschel vom Flusse, die du mir
  zurückließest,
von zwei Hälften die eine, blinkt bläulich;
das Waldefeublatt, auch ein Merkbild von dir,
leuchtet darinnen sein ernstes Grün ...

Und schau. Liebste, jetzt zieht sich die Sonne die
   Hemden an, die noch feuchten
die auf der Leine hängen zwischen Walnuß- und
   Quittenbaum.
Es sind die meinen, die du noch wuschest.

Auf der Fensterbank der goldwangige Apfel auch,
von dir auf Zehenspitzen erhascht, du weißt, der mit
   dem Wurmstich,
wünscht, daß ich denke an dich.
Und wenn ich ihn esse hernach?

Dann weiß er: Ich habe wie ihn dein Leben gekostet
in den herzhaft herbstlichen Tagen.

Nahkampf auf einem Rosenfeld

Das Ding in der Kehle
war nicht aus Schmelzschokolade,
auch kein Mandelsplitter,
vom Munde der Liebsten
zwischen die Lippen geküßt.

Das Weiße im Auge des Gegners
hatte die Schenkel der Mädchen vergessen,
war Todeshimmel, in dem schwarze Eier zerkrachten
und die Blätter der Teerosen stoben.

Immerhin
wurde der Mann in die Rosen geblutet,
an denen,
das sah der Gefallene unten,
feldgraue Läuse
wimmelnd nach oben stiegen,
um saugend im gelben Rosenbette zu siegen.

Und der hohe Himmel ward grau wie die Läuse.

Nicht gewußt

Frühling ist?
oder welche Zeit, welches Glück,
welches Land?

Welches zärtliche Grün
jährt sich, welche Zeit,
welches Glück, welches Land?

Ja,
mit dem grünen Geäder
welches Blatt im Geäst wird gewendet ...

Aus Straßburg heute dein Brief.
Nicht gewußt, daß der Golgathamaler
Art genug und Mut bei sich fand,

zweier Liebenden Leichen zu malen,
die Verwesung so ganz progressiv.
Solches zu Straßburg hat dich befremdet.

Doch im Münster die Rose gab Jenseits
und glühte, – und ein Blatt
nahm den Baum an die Hand?

Kleine Stücke (1)

Die Eselin, deren Augen
der Martertod eines Kindes zerreißt,
wirft den sternköpfigen Reiter
ab von ihrem Rücken, zertritt
ihre Liebe zum Schuldigsein
und erbricht aus ihren Augenhöhlen
eine Last des Weinens,
eine Last der Liebe.

Silberne Spur

Eine Schnecke
hinterließ silberne Spur.

Vielleicht überquert sie
noch heute
die schwarzgewandete Witwe.

Verkürzt sich etwa
die Zeit, wenn man weint,
so wie sie lebhaft wird,
wenn man badet?

Auf deinen Brüsten
nasses Silber.

Angeschwemmt
hat das Meer
und geblaßt eine bunte
Mädchensandale.

Höhle

Jetzt ist es Grauen,
nun ist es Liebe.
Die Woge durchgreift
deines Inneren Höhle.

Es läßt dich los,
du mußt dich lösen.
Von Schmerz ein Tau
beschlägt die Höhle.

Und dieser mundet
welchem Winde und Diebe?
Jetzt ist es Grauen,
nun ist es Liebe.

Von mir zu Dir

Und der Himmel
in Spiralen
eine Sehnsucht,

während das Knie
birst
in Kreatur.

Die Füße schmerzen.
Die Stimme bebt.
Aber von mir zu dir

nah
auf dem Wege
zum Tod.

ZÄRTLICHKEITEN, SIE WAREN
der einzige Ton?

Von meinem Munde
irrt eine Nuß

zu einem
in tausend Jahren.

Hanfen

Dreieinigkeit
meiner Liebe
zum

Herzpfeil
des Lichtes, zur harschen, der höhlenden
Nacht, zum verstreuten,
wie Schnitzel gilben
Papieres, wie Scherben ererbter
Teller verstreuten Lichte eines
ich weiß nicht
was flüsternden Tags.

Verspottend den innigen
Herzpunkt,
der ich säume mit Nadeln des Unmuts
– die Öhre dem Droben geraubt,
die Spitzen dem Stichling entwendet –
das hanfene Kleid meiner Liebe
an ich weiß nicht
was
dröhnendem
Tag.

Gesang vom Hexenstock

Dies ist der Gesang vom Hexenstock er ists wirklich er
 singt:
Eine Hexe mit
hundert Rohrschellen an einem Stock
schwingt den Stock
Ich komme wieder! Ich komme wieder!

Ja ja kommt wieder! Fortgeschleuderter Stock
komme zurück und schelle! – Und

wiedergekommen schellen hundert Schellen in
hundert schrillenden Lüften:

Entbindet den Zaun entbindet!
Todkränze der Kinder der Hagel zerpflücke
und aus Papierblumen und etlichen häßlich gewordenen
 Rosen
Zukunft der Vortage, zerronnene, blicke! – Und

schellend Zwilling mal Zwilling von hundert
hellichten Schellen in einem Himmel von hohlen Lüften
sie holen zurück

Schneefiguren der Späte
Narren der Entwürfe
Windnachtigallen
Leidpapageien

Sonnen – – Sonnen, schellende
am Hexenstock, Schnee, eine Wolke an einem
Hexenstock,
   Leidkrähen, ächzende
   Äste voll Papageien – – halt ein!
halt ein, du mein Augenblick –
Augenblick meiner Liebe!

Wo

Wo, im feurigen Wetter,
ein Duft ist
wilder Nelken.

Wo, im feurigen Wetter,
Schlüssel klirren
im Kies.

Wo, im feurigen Wetter,
Silben blinken
auf feuchten Lippen.

Winterlich II

Schnee im Mund
läutert
das Liebeswort.
Im Froste glimmen
Augen
des Sanddorns.

Da ist
wie von blauem
Erz,
Sterne enthalten es,
Geschmack
auf der Zunge –

Torheit
kaum noch gewährend.

EINMAL EINE
von den Mondessicheln ...
und die Schlange
war wach.

Wollte ich sehen,
hab ich
das Sehn auch gesehn.

Zu welcher
Sonne, zu
welchem Monde
nun?

Im Schoße des Blaus
nestelt
eine Liebe,
sie braucht dazu
Nacht.

HÖR, WIE DER ÄTHER
wahrträumt, und lausche
der klaren Sage
der von Anbeginn
fließenden Wasser.

Gottes Weisheit
hat sich erfüllt
in Schuldigkeiten.
Das gibt und nimmt
auf der Bahn
goldenen Rechts.

Die Kugel schwebt,
unbestechlich,
durchs Haupt der Liebe.

Wie Erzählung

Ich hab
sie gesehn, Herrin,
nun aber ists schon
wie Erzählung und
wie eine von Früchten:
der

Kristall ihrer Augen, hoher
Abgrund
Herz, Schoß, ihr
Mund raubend vor
Schweigen und
der Duft

von Veilchen, als sie
spaltet mit dem
Fingerknöchel den Teller.

Ich, jäh
Gast bei
der Geburtslosen.

Keine Speise.
Keine,
die nennbar.

Ankunft

Sie kommt mit Gefährten.

Ich sage nicht Engel
zu diesen, ich sage
nicht Grauen, ich sage
nicht Glück.
Es sind meine stärkeren Brüder
von weither, meine

fast antlitzlosen Brüder.

Sie meint,
sich nicht wissend, die
Fahrende meint
ihr Gesicht, das reift und das wächst –
und sind ihr verdingt,
meine Brüder von weither.

Gern rief ich

Gern rief ich Tauben
aus jener Fremde, daß
ichs ihnen sagte (du
lasest ihr Flügelrot).

Es war ein Augenblick,
da flog
von Mund zu Mund
ein Fliegen. Kein
Fänger tötet
den Vogel dieses
unsichtbaren Flugs.

Wer soll
der Vogel sein?
Wärs eine ungeglaubte
Nachtigall am Tag und in
der Nacht, ich trüge
ihr Singen nicht

und leid es schon.

DASS WIEDERHOLTERMASSEN
ich steige
die Stufen der Bergstadt
und weiß,
warum:

nämlich,
als wäre
jenseits der Burg
bei den Riffen
ein Liebes,
dem zu erzählen ...

WELKE BLÄTTER
des Dezembersommers
dir
in den Schoß gelegt ...

Wir gingen
auf Christus zu ... Zeit,
wo den Muscheln nach
Rosenblättern
zumut war,
einem Duft, einer
Geburt
aus der See.

HAT SIE NICHT
Aphrodite geheißen und wäre
nur der Name vorbei
der selben auf meinem
wandelnden Blut

und vom Auge
empfunden hier im Freien, im
Tag der schwarzsüßen
Beeren,
ihr hängend zum Mund?

DIE BURG DA OBEN,
daß ich
die doch liebe, sie,
getrennt von Gesang, der gewesen,
der artige, der Herrin geltend.

Die Burg da oben,
ein Trümmer, doch so,
daß noch Mauern stehn,
hohe, im Viereck.

Daß ich die doch liebe,
eins mit dem Fels
und dem heißen Licht und
nicht fremd gegenüber
den Sternen, wenn es
Nacht ist.

Menschenlied

So ich leider
nicht immer kann bleiben,
will mich zusammenfassen
in Liebe vernünftig.

Was sich vermochte,
will ich vernehmen;
sieh: an Gestirnen genug
und an Antlitz.

DES VERGANGENEN
Liebe und
Götter in Gedanken
kürzlich noch, denn es
ist frühe Zeit.

Die ganz verworrne
Allgemeinheit.
Wie wenn noch wäre
hinlänglich
etwas wie Gott.

FERNER NACHHALL
der Liebe.

Anfang und Ende
wußt ich vermählt
im Nichts, dem Golde.

Nun aber
ist Ende allein.

Hundsmäßig
eß ich vom Troge,
den aufstellt
im unteren Zwielicht
der lidlose Engel.

NACH DORT
aus dem Hier,
die Schneise
brauchen wir
nicht zu gehn.

Wald, düsterer
Wald, ungeträumt,
aus der Liebe geboren,
besser als Blut.

Von dort
nach hier
müssen wir gehn.

(TOD)
Von dort,
aus der Organe Verlottern,

dem Aas jedes Menschen
kam ich zu dir
in der Habe der Zeit.

Unser Leib,
Haar und Gesicht
Spiegelten ineinander.

Du Schöne.

Will mich auch umsehn
Von jener Stelle
Gehörten Meers,
dem Licht
der Welt zulieb,
nach anderer Rede.

ES KAM DIE NACHRICHT
zu gehn an die See,
nördlich, und ich
wollte auch wissen
unterdes, was es
sei mit dem Anfang
der See, Ende oder
Mitte (die schwerste
Betrachtung).

Es erkannten einander,
die kamen
in gleicher Absicht.

Und es wurde
mit Gischt der Wogen
(schön und atmend das Wetter)
Lust gewebt zur Nacht.
Nicht gewußt, daß mir Liebe
geweissagt war
aus der Liebe.

(... UND ALLES GING SO,
wahr und gemäß,
und wollte ein Schicksal werden
für alle Zeit.)

So kleide dich bräutlich.

Bekleide dich (du weißt,
wo wir standen)
mit der letzten, der
auslaufenden Welle,

schmücke dich,
wie du's getan
nachts – saphiren
ein Stern –,

mit dem Schaum
des Meeresgotts,
den es
nicht gibt.

UND DIE NÄHE,
was ist das?

Dich, schönes Bild,
male ich mir
vor die vergessenden
Augen ... dich,
schönstes, vor die
vergessendsten.

Ist auch
kein Maler erfunden
für das, was ist,
fleischlich, ge-
wissermaßen »von Gott«.

Ich konnte fühlen
deine Wange.
Ich werde nicht schlafen
mit einem Bilde.

So nah du mir bist,
eingeprägt:
du bist dahinten, ein Traum,
schlimm
meinem Leben entrückt.

WAR ES EINMAL DIE MÄR,
daß ich dich sah?
Ich geh, dich zu sehn
(es hängt mein Sehen daran).

Du kommst, und wir wissen:
Auf goldener Klippe
ist das Geständnis wahr.

Dort aber (steinerne
Stelle: als wäre
das Wasser geworden zu Stein,
zur eigenen Klippe),

dort kann sich
ein Denken ereignen,
das alles verwirrt.

DU MEIN
wälderreicher
Todesgedanke ...

Die Blätterzungen
flüstern
einzige Liebe.

Und dem Zweige geb ich,
die eine Sage heißt,
Nachtigall,

daß sie sänge
so lange
wie ewig.

DAS DENKEN,
die Rose,
tödlich blühend
weilt es.

Und es ist
Traum
in den Stacheln,
und es
liebt dich.

ICH WARTE.
Du kommst.
Du kommst,

wenn nicht
der Schnee
wird zur Säure,
Chemie des

uralten Dunkels,
in dem sich
die Kerne
zerbeißen.

Es wird,
da an ihm
Zeit war,
schwindelnd

und ruhig,
der See
der gezeichneten
Karte,

vielmehr der
gesehene See,
jetzt leer
von Schiffahrt,
der »blasse«,

der See der Seen
heißen
für uns.

WENN DU GERUFEN WURDEST:
das lange »e«,
der Schnee
in deinem Namen.

Der lebt.
Der schreit,
der schöne Schnee.

Und was
gibt er
dem Weiß
der Wolke
des nächsten Sommers
zu verstehn?

DICH MEINE ICH,
vorbei an der bloßen
Begierde, zu sein,
dich, vertauscht
an allen Gliedern.

Sind wir nicht
unseres Staubs
getröstet?

Ach, ich
gedenke an dich
in der Ewigkeitshöhle,
darin ja wohnt
jedermann.

HIER BIN ICH
jetzt und
jetzt schon
nicht mehr hier.

Hetzt Punkt
den Punkt, so schreibt
der Strich der Zeit
die Allgelassenheit.

Wo ruht sich Liebe aus?
Ich bin bei dir zu Haus.

Hier bin ich
jetzt und
jetzt schon
nicht mehr hier.

NACH JAHRESZEIT
und Jahreszeit,
so Sommerschnee
wie Wintergrün
und Frühlings Herbst
folgt eine-keine Jahreszeit,
wo eine trägt
viel anderes Kleid
und einer schweigt
mit seinem Mund,
wo, was hier war,
trotz goldner Schuh'
vergessen, ganz
vergessen ist …

ach, jenes
ungefüge Haus …
die Schuld von dort,
der Gram von hier,
wer
denkt das aus?

MEIN HERZSCHLAG HIER,
dein Herzschlag dort,
und jeder macht sich
einen Rand zurecht.

Du den des Meers,
ich den
von meines Grübeins
Küste.

WELTLICHES, DAS WIR
lieben, welches
du liebst, war
mächtig genug.
Darum hast du uns
zu Fremdlingen gemacht
der Liebe. Das ist
noch im Tod
die Wunde.

WÜSST ICH, WOHER
Weinen kommt,
aus welchem
Himmelsblau ...

ich wills
Heimweh nennen
nach deinem
Herzschlag.

Nimm, goldne Fäulnis

Nimm, goldne Fäulnis,
die Blume des Geistes, Blume des Geistes
zu dir, zur Zeit, wo
ein Gelächter lacht, so über
Blume des Geistes

Was da entstand, es
Schlachtet sich.

Danach, nach-
Dem sich ein Wesen
Getrennt hat vom Wesen,

atmet die Liebe auf.

DA KEINESWEGS
bei dir
das Meer das letzte Wort hat

(sondern von nun
das Trockene
dir zum Trank dient),

so müßt ich
deinen Namen tilgen
am Grund des Sees.

Das aber
kann ich nicht ...

Ich bleibe
dort beim Grund
mit deinen Augen,

gesunkenem Gebein
und Zeug
der Oberwelt.

WENN UNS NOCH EINMAL
Augen gegeben würden
nach mancher Zeit
in der Leiche, dem Tode ...

Als wir uns liebten,
betrachtetest du
sehr genau
meinen Schädel.

DU HÖRST MIR ZU,
ich hör dir zu.

Zu leben und
zu lieben die Dinge

(ein Satz von dir), wie
soll das gehn?

Man hat wohl Liebe
genug. Doch

keinem Leide, das
vollkommen Leid ist,

und keinem Tode
helf ich auf.

LIEBESGEDANKEN
abwärts
bis ins Tote
der Geschaffenheit,
das Mütterorakel
ratlos.

Lied
meiner Lieder:
einzige Gegenwart,
vom Nichts
sinnreich ausgespien.

Ziemlich ein Gott,
die – wörtlich –
weibliche Leere.

SEIN, VERFLUCHTES,
hat vom Schönen
oft das Gesicht, und

tausendmal schöner als
die hinter den Zeitbergen
unaufweckbar träumenden

Götter – so Aphrodite –
ein Liebliches von hier,

das vorbeikommt,
in sich vorübergeht, auch

alternd im täglichen Tal,
wo die Mühlen mahlen
von fern des Meers.

DER BLITZ
ist von eigener Hand
und entzündet
dein Haar.

Es komme
Feuersbrunst,
wo das Dach birst,
der Boden reißt.

Komm,
ein Frieren kommt,
das brennendste.

SAGE VOM GANZEN
den Satz, den Bruch,
das geteilte Geschrei, den
trägen Ton, der Tage
Licht.

Mühsam
im gestimmten Raum
die Zeit in den Körpern,
leidiges Geheimnis, langsam.
Tod immer.

(Und ich wollt doch
das Auge nicht missen
entlang den Geschlechtern nach uns.)

Sage: DIES ist kein anderes.
Sage: So fiel, in gemeiner Verwirrung,
der Fall. Sage auch immer:
Die Erfindung war groß.

Du darfst nur nicht
Liebe verraten.

HIER,
gekrümmt
zwischen zwei Nichtsen,
sage ich Liebe.
Hier, auf dem
Zufallskreisel
sage ich Liebe.
Hier, von den hohlen
Himmeln bedrängt,
an Halmen
des Erdreichs mich haltend,
hier, aus dem
Seufzer geboren,
von Abhang
und Abhang gezeugt,
sage ich Liebe.

GETÖTET
von sich selbst, im Tode
leider auch entrückt
der einzigen Gewalt,
die Liebe hieß.

Niemand begreift
dies Lösliche,
es sei denn, er verstünde
die ganze List.

Dies ist ein Lied.

IM SCHLAF UND
in Schluchten des Schlafs,
wenn du der Einen begegnest,
die sich nach Lüsten
zu erkennen gibt
als die Tote
mit schlagendem Herzen,
als die Mittlere
des gemilchten Raums
voll Gelächter der Knie
und der Schenkel,
und dich wirft alsbald
ins Labyrinth
begreifbaren Traums.

AN JENE WAND GELEHNT,
das Verlies
(unsinnig fabeln muß ich,
als wär ich nicht augenlos),
heller Tag
des Fehlens der Sinne,
nicht all das Aas
schmeck ich, nicht
riech ich. Nichtin,
Fürstin hinter den Klippen,
deinen Blumenduft ...

Während auch Jugend kommt
unter den Vielverschiedenen,
ein Mädchen jetzt ...

DIE WORTE SIND FERTIG.
Umwunden von deinem Haar
ein jedes.

Dem ist
kein Räuber gewaltig,
wenn schon
die Sinne vergehen
beiden.

Nicht zu
vernichten ist
die Erscheinung.

APHRODITE, DER NAME,
mögliche Kontur,
Körper, vorm Himmel
ruhend auf einer Mauer am See.

Gut, daß ichs sah,
begierig (wissend
von Ungestalt), die Erde
als Meisterin zu erkennen
durch den Zufallswurf.

So als krönte sich
mit diesem, ohne Mut,
doch hoch erfinderisch,
die Todeswelt.

SEI DU MEIN SOHN
und zahl mir deine Schuldigkeit.
Ich, Leben, brauch den Tod,
ich, Zeit, die Ohnezeit.

Was plagst du dich,
da doch im Hellen steht
ein Liebesaug?
Du brauchst es nicht zu sehn.

DIE ALTE SONNE
rührt sich nicht
von der Stelle.

Wir
in dem
dämmrigen Umschwung

leben
die Furcht oder
die schwere Freude.

Liebe –
Verlaß und
Verlassen,

von ihr
haben wir gewußt
auf dem Trabanten,

eh alles
vorbei.

Reinhard Kiefer
»Liebeswort« und »Todesgedanke«

Ernst Meister gilt als ein Dichter des Todes, doch ist er ebenso – wie diese Auswahl von Gedichten aus dem Gesamtwerk belegt – ein Dichter der Liebe. Allerdings ist es eine Liebe, die der unmittelbaren Konfrontation mit dem Ende, dem Tod ausgesetzt ist.

Schon in einem sehr frühen, um 1932 verfaßten Gedicht, »Liebestod zweier Worte«, wird die geradezu zwanghafte Konstellation von »Liebeswort« und »Todesgedanken« – die Begriffe finden sich in den Texten »Winterlich II« und »Du mein / wälderreicher« – vorgeführt. Der Text beschwört mit der Wendung »Liebestod« eine Thematik, die ihre klassische Ausformung in Wagners »Tristan und Isolde« erfuhr. Doch beschreibt er alles andere als eine individuelle Liebesexaltation: Die Liebe von »Kindin« und »Hündin«, an der beide zugrunde gehen werden, ist sprachlicher Natur. Das Gedicht konstituiert mit spätdadaistischer Spielfreude eine worthafte Wirklichkeit, von der aus sich auf eine existentielle Verunsicherung schließen läßt, die nur durch die Liebe zu beheben ist.

Das ebenfalls in der 1932 publizierten Sammlung »Ausstellung« enthaltene Gedicht »Der Knabe« zeigt eine Liebe, die ohne Gegenüber auskommt, in der Subjekt und Objekt identisch sind. Meister liefert hier ein Beispiel radikaler Autoerotik, das in der deutschen Lyrik selten anzutreffen ist. Das Gedicht steuert zielbewußt auf ein masturbatorisches Finale zu, in dem sich Lust und Untergang vereinen:

Allen glutenden Hellen
goß er den Samen überaus ins Gewand.
Feuer mußten zerschellen,
wenn er sein Weinen verstand.

Hielt sich Meisters Frühwerk fast von jeglicher Bindung an die Traditionen der (Liebes-)Lyrik frei und machte vor allem die lyrische Sprache der Moderne des beginnenden zwanzigsten Jahrhunderts (Expressionismus, Dadaismus, Neue Sachlichkeit) für sich nutzbar, so stellen die nach 1933 verfaßten Gedichte – in thematischer und stilistischer Hinsicht – einen eklatanten Rückzug auf das Gebiet der Lyrik des neunzehnten Jahrhunderts dar. Die Gedichte »Liebende in herbstlicher Nacht« und vor allem »Abend in San Bartolommeo«, die kurz nach dem Zweiten Weltkrieg in den Privatdrucken »Mitteilung für Freunde« erschienen, sprechen sehr naiv, nämlich ohne jede Brechung, die Sprache lyrischer Konvention.
Die mangelnde poetische Trag- und Entwicklungsfähigkeit eines ungebrochenen Traditionalismus dokumentieren die Gedichte der sechs Privatdrucke, die unter dem Titel »Mitteilung für Freunde« erschien. Meister dürfte sich schon Mitte der vierziger Jahre ihrer Mängel bewußt geworden sein. Am Ende des Jahrzehnts kommt es denn auch zu einer Rückbesinnung auf die lyrische Moderne (Eliot, Benn, Surrealismus) und damit zu einer zunächst recht zögerlichen stilistischen Neuorientierung.
In »Unterm schwarzen Schafspelz« (1953), dem ersten Lyrikband, der von Meister nach dem Krieg – also nach einer Pause von über zwanzig Jahren – erschien, ist das Gedicht »Nachdem du gingest« enthalten. Es ist ein bezeichnendes

Dokument für Traditionsverhaftung und Neuorientierung im Werk der späten vierziger und frühen fünfziger Jahre. Meister greift in ihm auf die tradierten und bewährten lyrischen Redeweisen zurück. Er benutzt bekannte Liebestopoi (der verlassene Liebhaber, Liebesklage) und reichert das alles mit Hölderlin-Reminiszenzen an (vgl. »Hälfte des Lebens«). Durch die Vergegenwärtigung konkreter Lebenswelt bricht jedoch der dritte Abschnitt des Gedichtes das bemüht poetische Arrangement auf. In diesen Zeilen kündigt sich eine neue Qualität von Meisters poetischen Sprechen an:

> Und schau. Liebste, jetzt zieht sich die Sonne die
>   Hemden an, die noch feuchten
> die auf der Leine hängen zwischen Walnuß- und
>   Quittenbaum.
> Es sind die meinen, die du noch wuschest.

Der »hohe« Ton, mit dem die Trivialwelt (Hemden waschen und trocknen) vergegenwärtigt und drapiert wird, ironisiert und demaskiert ein anachronistisches Liebes- und Frauenbild, wonach die Frau die untergeordnete, unterwürfige Gehilfin des Mannes zu sein hat. Diese Passage eröffnet die Möglichkeit, das Ganze als larmoyant-poetisierende Liebesklage und Ausdruck hartnäckigen Spießertums sowie kleinbürgerlicher Männerphantasie zu lesen, dem sich die Frau, die im Gedicht nicht zu Wort kommt, entzogen hat.
Meister entwickelt in den fünfziger Jahren seine unverwechselbare poetische Sprache. Zunächst ist sie noch gekennzeichnet durch langzeilige, wort- und bilderreiche Texte – so in »Dem Spiegelkabinett gegenüber« (1954, vgl. »Nahkampf auf einem Rosenfeld«) und »...und Ararat« (1956) –, doch

schon in »Fermate« (1957) stehen, wenn auch vereinzelt, auffallend knappe kurzzeilige Gedichte. Der Wortreichtum, die Rhetorik und die lebensweltliche Gebundenheit eines Gedichtes wie »Nachdem du gingest« werden in »Pythiusa« (1958, die Gedichte sind auf Ibiza entstanden) und »Zahlen und Figuren« (1958) fast vollständig verdrängt von der lyrischen Abbreviatur und dem poetischen Gedankenstenogramm.

Ein solches Stenogramm ist das Gedicht »Von mir zu Dir« aus »Zahlen und Figuren«, das mit nur dreißig Wörtern, die auf zwölf Zeilen verteilt werden, eine ›Gedankenarbeit‹ über die Liebe leistet. Die Liebe, die hier als Begriff absichtsvoll ausgespart bleibt, wird im Text erschlossen als ausschießlich personale Relation von Ich und Du, die von einer sowohl transerotischen als auch einer kreatürlichen »Sehnsucht« bestimmt wird. Die Erkenntnis der unabweisbaren Nähe von Liebe und Tod – im Frühwerk spielerisch behauptet, später pathetisch proklamiert – formulieren die Schlußzeilen als das Ergebnis einer poetischen Reflexion:

> Die Füße schmerzen.
> Die Stimme bebt.
> Aber von mir zu dir
>
> nah
> auf dem Wege
> zum Tod.

Wird in »Von mir zu Dir« von der bloßen Todesbezogenheit der Liebe gesprochen, so geht das in »Die Formel und die Stätte« (1960) enthaltene Gedicht »Winterlich II« noch einen entscheidenden Schritt darüber hinaus. Es ist ein Schritt, der uns ins Zentrum des Meisterschen Denkens führt: »Schnee im Mund / läutert / das Liebeswort«, heißt es dort. Liebe und Tod sind nicht nur benachbarte Wirklichkeiten, sie stehen nicht nur in einem ungefähren Bezug, vielmehr ist das »Liebeswort« essentiell auf den Tod angewiesen. Die drei zitierten Zeilen, mit denen das Gedicht beginnt, sprechen von der erhellenden, der hermeneutischen Funktion, die der Vergänglichkeit (»Schnee«, der sich im »Mund« auflöst, ist dafür die sinnfällige Metapher), die dem Tod zukommt. Das »Liebeswort« wird zum »wahren« Wort geläutert durch den Einschluß des »Todesgedankens«. Was die Liebe ist, so Meister, läßt sich nicht von ihr selber aus, vielmehr nur vom Tode her begreifen.

Die Wendung zum Alltäglichen und Politischen in der deutschen Lyrik der sechziger Jahre vollzieht Ernst Meister nicht mit, er beharrt auf dem Substantiellen, auf dem »Willen zum Totum«. Die »reine Milieubezogenheit« vieler Gedichte seiner Zeitgenossen bezeichnet Meister als »eine Befangenheit und eine Begrifflosigkeit« (»Fragment 10.3.1971«). Das Substantielle, das »Wahre« oder »Ganze«, wird in den Gedichtbänden »Flut und Stein« (1962), »Es kam die Nachricht« (1970) und »Sage vom Ganzen den Satz« (1972) vorzugsweise als Mythos zur Sprache gebracht. Meister schreibt nun – gegen die literarische Entwicklung seiner Zeit – den Mythos unter den Bedingungen einer säkularisierten Welt fort und treibt ihn in immer neue – zum Teil gegenläufige – Metamorphosen. Für das »Liebeswort« hat das nachhaltige Konsequenzen. Von nun an ist es nicht mehr nur eine Abstraktion, sondern zugleich eine mythisch-personale Realität. Die meist namenlose und wenig individuelle Figur der »Herrin« (vgl. »Wie Erzählung«, »Die Burg da oben«), die stets die Züge der Aphrodite trägt, gewinnt konkretere Gestalt. Die »Herrin« in »Flut und Stein« teilt mit der antiken Göttin chthonische und erotische Wesenszüge.

Das Gedicht »Wie Erzählung« aus »Flut und Stein« schildert die »Herrin« als beängstigend und anziehend zugleich. So stellt es den dämonischen Aspekt der Liebe heraus:

Ich, jäh
Gast bei
der Geburtslosen.

Keine Speise.
Keine,
die nennbar.

Aphrodite wird für Meister schließlich zur lebens- und sinnbejahenden Alternative zum tod- und leidverhafteten Christus. Eine Alternative, so machen es die folgenden Verse deutlich, die durch die einmal getroffene geschichtliche Entscheidung für Christus, für das Christentum, zur verpaßten Gelegenheit wird:

Welke Blätter
des Dezembersommers
dir
in den Schoß gelegt ...

Wir gingen
auf Christus zu ... Zeit,
wo den Muscheln nach

Rosenblättern
zumut war,
einem Duft, einer
Geburt
aus der See.

»Dezember« ist der Monat abgestorbener Vegetation und der Geburt Christi. Dem historischen und jahreszeitlichen Zwang, auf »Christus zu« gehen zu müssen, setzt das Gedicht – in utopischem Überschwang – die aphroditische Alternative entgegen. Sie ist gegenwärtig im sinnlichen Erleben (»Duft«) und in den bekannten Attributen (»Muscheln«, »Rosenblätter«, »See«). Trotz der machtvollen Evokation des Mythischen kann es nicht geschichtsmächtig werden, denn Jesu Christi Todeswelt besitzt eine fatale – historisch gleichsam evidente – Anziehungskraft.
Ende der sechziger Jahre entstehen Meisters eindringlichste Liebesgedichte, sie stellen einen Höhepunkt in seinem lyrischen Werk dar. In den Bänden »Es kam die Nachricht« (1970) und »Sage vom Ganzen den Satz« (1972) verwandelt sich die Aphrodite-Gestalt vom Artefakt und Begriff in eine reale Geliebte mit mythischen Zügen: in eine menschliche Aphrodite.
Die Vergöttlichung oder poetische Idealisierung der Geliebten ist in der europäischen Dichtung seit Dantes Beatrice und Petrarcas Laura nichts Ungewöhnliches. Doch steht bei Meister nicht die Überhöhung im Zentrum des poetischen Interesses, sondern die Gewinnung einer neuen Sichtweise der wirklichen Anwesenheit eines liebenden und geliebten Göttlichen. Die Aphrodite-Gestalt der späten sechziger und frühen siebziger Jahre hat eine ähnliche Doppelnatur wie der

Christus der traditionellen Dogmatik, sie ist Mensch und Gott zugleich. Die Gottheit unterliegt jedoch – wie immer bei Meister – den Bedingungen der menschlichen Existenz. Die Aspekte »Unsterblichkeit« oder »Ewigkeit«, die er an herrschenden Gottesvorstellungen kritisiert, spielen keine Rolle mehr. Die Göttin, die ihm als Geliebte begegnet, wird folglich unmetaphysisch gedacht, sie ist dem Augenblick verhaftet, ebenso vergänglich wie alles andere in der Welt.

Der Hymnus »Und alles ging so« aus »Es kam die Nachricht« hat eine Sterbliche zum Adressaten, die aufgefordert wird, sich mit den Insignien des Göttlichen, mit den Zeichen des Aphroditischen zu versehen und so das Geheimnis ihres menschlich-göttlichen Doppelwesens – ihres wahren Wesens also – zu lüften:

> (... und alles ging so,
> wahr und gemäß,
> und wollte ein Schicksal werden
> für alle Zeit.)
>
> So kleide dich bräutlich.
> Bekleide dich (du weißt,
> wo wir standen)
> mit der letzten, der
> auslaufenden Welle,
>
> schmücke dich,
> wie du's getan
> nachts – saphiren
> ein Stern –,

mit dem Schaum
des Meeresgotts,
den es
nicht gibt.

Der dreimalige Imperativ »kleide dich«, »Bekleide dich«, »schmücke dich« insistiert von Mal zu Mal dringlicher auf die vitale und restlose Übernahme der Embleme der Aphrodite durch ein Du, mit dem das Ich des Gedichts ein intensives Erlebnis verbindet: »du weißt, / wo wir standen.« Damit ist jedoch nicht die Erwartung einer ungebrochenen Wiederkehr der antiken Göttin oder einer Wiederherstellung der mythischen Welt verbunden, vielmehr wird ein menschlich-göttliches Wesen in der götterlosen Gegenwart besungen. Der »Schaum«, mit dem das »Du« sich schmücken soll, bezeichnet den Ort des eigenen Ursprungs, nämlich das Nichts. Das Göttliche, das Aphroditische, ist nichts, das für sich selbst besteht, es ist vielmehr ein existentielles Geschehen zwischen Ich und Du, das an den Augenblick liebender Zuwendung gebunden bleibt.
Der mit Liebe angefüllte Augenblick spielt in Meisters Denken nicht nur eine herausragende Rolle, er hat eine eschatologische Qualität. Dieser Liebes-Augenblick »kann«, wie es das Gedicht »War es einmal die Mär« zu verstehen gibt, den Menschen und sein Denken total verändern:

War es einmal die Mär,
daß ich dich sah?
Ich geh, dich zu sehn
(es hängt mein Sehen daran).

Du kommst, und wir wissen:
Auf goldener Klippe
ist das Geständnis wahr.

Dort aber (steinerne
Stelle: als wäre
das Wasser geworden zu Stein,
zur eigenen Klippe),

dort kann sich
ein Denken ereignen,
das alles verwirrt.

Weil das Ich sich radikal in eine existentielle Relation zum Du stellt, eröffnet sich ihm im Gegenüber sein Selbst- und Weltverständnis (»es hängt mein Sehen daran«). Mit den Worten Ferdinand Ebners (1882–1931) in seinem Buch »Das Wort und die geistigen Realitäten« (Frankfurt/M. 1980, S. 126): »Das wirkliche Ich existiert dadurch, daß und worin es sich zum Du hinbewegt: nicht (...) in seiner Icheinsamkeit, in welche(r) es sich selbst denkt; sondern subjektiv in der Liebe – in der seine innere Wirklichkeit des ›Ich will‹ Richtung und Sinn empfängt.« Ein solches wirkliches Ich zu werden, das im liebenden Wort dem anderen begegnet und dadurch »entsteht«, führt dieses Gedicht vor. Die Ankunft der Geliebten – die Fleischwerdung des »Liebeswortes« – geschieht an der »steinerne(n) Stelle«, die sich durch das überwältigende Geschehnis zur »goldene(n) Klippe«, zur geheiligten Stätte wandelt. Mit der Metapher »goldene Klippe« spielt Meister auf jenen Augenblick an, in dem sich »ein Denken ereignen (kann), / das alles verwirrt«. Er folgt damit

einer Figur mythischen Denkens, nach der die Ankunft eines Gottes die Weltwirklichkeit und ihre Deutung initiieren kann. Das neue »Denken«, das aus der Anwesenheit der göttlichen Geliebten resultiert, verursacht einen »Taumel im Gewöhnlichen« (Martin Heidegger: Was heißt Denken? Tübingen 1984[4], S. 84), in dem die Alltäglichkeit zerbricht. Gleichzeitig ist dieses »Denken« ein »gefährliches Spiel« (ebd.), weil es auf die produktive Durchbrechung des »Gewöhnlichen« zielt und sich selber mit ihm zu vernichten droht. Es ist eine »Rose, / tödlich blühend«.
Eine wesentlich veränderte – gleichsam entmythologisierte – Sicht auf die Aphrodite-Gestalt bietet das Gedicht »Sein, verfluchtes« aus »Sage vom Ganzen den Satz«:

Sein, verfluchtes,
hat vom Schönen
oft das Gesicht, und

tausendmal schöner als
die hinter den Zeitbergen
unaufweckbar träumenden

Götter – so Aphrodite –
ein Liebliches von hier,

das vorbeikommt,
in sich vorübergeht, auch

alternd im täglichen Tal,
wo die Mühlen mahlen
von fern des Meers.

Am Anfang dieses Textes stehen die philosophischen Begriffe des »Seins« und des »Schönen«. In einer ausladenden Geste scheinen sich in diesen exemplarischen Begriffen Heideggers Ontologie und die Ideenlehre Platons – also neuzeitliches und antikes Denken – zu begegnen. Das ambivalent gefaßte »verfluchte« und zugleich ›schöne‹ »Sein« ist – das sich auf Bildhaftigkeit beziehende Substantiv »Gesicht« legt es nahe – keine ausschließlich philosophische Abstraktion oder ein intellektuelles Paradoxon, sondern eine Person: die menschliche Aphrodite. Ihr gilt der aus dem Grimmschen Märchen bekannte Komparativ »tausendmal schöner«. Mit ihm wird die reale Schönheit einer innerweltlichen Existenz, die betontermaßen »ein Liebliches von hier« ist, ausgespielt gegen die zeitlose, jenseitige Idee des »Schönen«. Die »Zeitberge«, die Metapher erinnert an Rilke, stellen die Grenze zwischen der raum-zeitlichen Welt des Menschen und der raum-zeitlosen »Hinterwelt« (Nietzsche) der »Götter« dar. »Hinterwelt« bedeutet für Nietzsche ein »himmlisches Nichts«, eine Bestimmung, die – mystisch gewendet – genau Meisters Intentionen trifft. Das ›schöne‹ »Sein« – und mit ihm alles Seiende – befindet sich vor den »Zeitbergen«, während sich die »unaufweckbar träumenden // Götter« »hinter« ihnen befinden. Zwar erscheinen die »Götter« durchaus als transzendente Wirklichkeiten, doch sind sie zu Passivität und Ohnmacht verurteilt und lassen aus diesem Grunde jeden Welt- und Existenzbezug vermissen. Grundsätzlich gilt dies auch für die antike Aphrodite, sie ist – wie alle »Götter« – Bestandteil der »Hinterwelt« und verliert dadurch jede Möglichkeit, sich in der Weltwirklichkeit zu realisieren.

Nachdem »Sein, verfluchtes« aus der menschlichen Aphrodite »ein Liebliches von hier«, nämlich eine ausschließlich innerweltliche und -geschichtliche Erscheinung gemacht hat, der somit auch keine Doppelnatur mehr zukommt, zieht das Gedicht »An jene Wand gelehnt« die einzig mögliche Konsequenz und verzichtet gänzlich auf die Gestalt der vergöttlichten Geliebten:

> An jene Wand gelehnt,
> das Verlies
> (unsinnig fabeln muß ich,
> als wär ich nicht augenlos),
> heller Tag
> des Fehlens der Sinne,
> nicht all das Aas
> schmeck ich, nicht
> riech ich. Nichtin,
> Fürstin hinter den Klippen
> deinen Blumenduft ...
>
> Während auch Jugend kommt
> unter den Vielverschiedenen,
> ein Mädchen jetzt ...

Meister nimmt so Abschied von der Gestalt der menschlichen Aphrodite, doch kehrt er damit nicht zur Aphrodite-Figur der frühen sechziger Jahre zurück. Die aphroditische Gestalt der »Nichtin« – »Blumenduft« und marine Topographie (»Klippen«) geben sie als solche zu erkennen – ist nun zur weiblichen Fassung des Nichts geworden, nämlich zur »wörtlich – / weibliche(n) Leere« (vgl. »Liebesgedanken«). Das Gedicht eröffnet eine Welt der Negationen und des Ausstands. Dementsprechend werden die bekannten aphroditischen Zeichen negierend gewendet: Evozierte die »Klippe« zuvor noch einen topographischen Kairos, so sind die »Klippen« dieses Gedichtes, den »Zeitbergen« entsprechend, Grenze, unüberwindbare Trennungslinie zwischen dem Diesseits des lyrischen Ichs und dem Jenseits der »Nichtin«. Die existentielle Befindlichkeit des Eingeschränktseins, die das lyrische Ich konstatieren muß – ihm fehlen die Augen, die »Sinne« –, gerät zum paradoxen Modus der Erfahrung evidenter Unerfahrbarkeit. Der »helle Tag« des lyrischen Subjekts ist ein Augenblick, in dem es sich als ausgesprochenes Mängelwesen erfährt, begreift und so zur Erkenntnis der radikalen Negations-Struktur der Welt gelangt. Das »Mädchen« im zweiten Abschnitt steht von daher auch in keinerlei Bezug mehr zur Aphrodite, es ist eine autonome humane Gestalt. Es ist nur eines »unter den Vielverschiedenen«, ein existentielles »Jetzt« und die Vergeschichtlichung der Idee der »Schönheit«. Allerdings kann es – im Unterschied zur menschlichen Aphrodite, dem fleischgewordenen »Liebeswort« – keine existentielle Entscheidung von einiger Radikalität mehr veranlassen oder gar ein »Denken« provozieren, »das alles verwirrt«.

Anfang der siebziger Jahre kehrt Meister wieder zu der ein Jahrzehnt zuvor entwickelten transpersonalen und abstrakten Sageweise von »Liebe« zurück. Gleichzeitig betont er mit einer bislang unbekannten Ausschließlichkeit die Todesbezogenheit der Liebe. Doch reflektiert der Dichter keinen »Liebestod«, vielmehr geht es ihm um die Versicherung, daß der Tod auch das Ende der Liebe bedeutet und allemal das »letzte Wort« behält:

Getötet
von sich selbst, im Tode

leider auch entrückt
der einzigen Gewalt,
die Liebe hieß.

Freilich wird Aphrodite nicht vollständig vergessen. Sie erscheint noch einmal – und damit zum letzten Mal – in dem Gedichtband »Im Zeitspalt« (1976); dort ist ihr »Name, / mögliche Kontur«, die nicht verblassende Hoffnung der Möglichkeit einer erneuten personalen Fassung dessen, was der Dichter in seinen spätesten Gedichten formelhaft »Liebe« nennen muß.
Die Trauer um die nivellierende Macht des Todes bestimmt Meisters Spätwerk. Noch einmal wird sie in seinem letzten Gedichtband »Wandloser Raum« zur Sprache gebracht, der im Todesjahr 1979 erschien. Da die »Liebe« ein rein innerweltliches existentielles Ereignis ist, gibt es für sie keine Zukunft über das Diesseits hinaus. Ihre Endlichkeit ändert jedoch nichts an ihrer Besonderheit, denn sie ist die »einzige Gewalt«, das einzige Wissen, das bis in den Tod hineinreicht und von dem aus die menschliche Existenz »Sinn« erhält:

Liebe –
Verlaß und
Verlassen,

von ihr
haben wir gewußt
auf dem Trabanten,
eh alles
vorbei.

Die Quellen

Liebestod zweier Worte. In: Ausstellung. [Reprint der Ausgabe 1932]. Aachen 1985, S. 31.
Das schöne Märchen. In: Ebd., S. 32.
Die Umgürtung. In: Ebd., S. 33.
Der Knabe. In: Ebd., S. 39 f..
Liebende in herbstlicher Nacht. In: Mitteilung für Freunde (1–6). Aachen 2000, S. 158.
Abend in San Bartolommeo. In: Ebd., S. 109. Meister schrieb zu den Gedichten dieser Jahre: »Die hier versammelten Verse entstanden 1942 bis Anfang 1946, zum größten Teil am Wege des Soldaten; sie sind Weg.«
Nachdem du gingest. In: Unterm schwarzen Schafspelz. Dem Spiegelkabinett gegenüber. [Gedichte 1953/54]. Aachen 1986, S. 19 f.
Nahkampf auf einem Rosenfeld. In: Ebd., S. 52.
Nicht gewußt. In: Gedichte aus dem Nachlaß. Aachen 1999, S. 30. Das Gedicht ist »um 1956« entstanden.
Kleine Stücke [1]. In: Der Südwind sagte zu mir. Fermate. [Gedichte 1955/57]. Aachen 1986, S. 24.
Silberne Spur. In: … und Ararat, Pythiusa. Lichtes Labyrinth. [Gedichte 1956/58/59]. Aachen 1987, S. 52.
Höhle. In: Ebd., S. 60.
Von mir zu Dir. In: Zahlen und Figuren. [Gedichte 1958]. Aachen 1987, S. 31.
Zärtlichkeiten, sie waren. In: Ebd., S. 86.
Hänfen. In: Ebd., S. 95.
Gesang vom Hexenstock. In: Ebd., S. 96 f.
Wo. In: Ebd., S. 105.
Winterlich II. In: Die Formel und die Stätte. [Gedichte 1960]. Aachen 1987, S. 17.
Einmal eine. In: Flut und Stein. [Gedichte 1962]. Aachen 1988, S. 13.
Hör, wie der Äther. In: Ebd., S. 34.

Wie Erzählung. In: Ebd., S. 73.
Ankunft. In: Ebd., S. 74.
Gern rief ich. In: Ebd., S. 75.
Daß wiederholtermaßen. In: Ebd., S. 79.
Welke Blätter. In: Ebd., S. 97.
Hat sie nicht. In: Anderer Aufenthalt. Verstreut veröffentlichte Gedichte 1951–1964. Aachen 1997, S. 44.
Die Burg da oben. In: Ebd., S.45.
Menschenlied. In: Ebd., S. 59.
Des Vergangenen. In: Gedichte aus dem Nachlaß. Ebd., S. 157. Das Gedicht ist zwischen 1964 und 1968 entstanden.
Ferner Nachhall. In: Zeichen um Zeichen. [Gedichte 1968]. Aachen 1999, S. 129.
Nach dort. In: Gedichte aus dem Nachlaß. Ebd., S. 194. Das Gedicht ist um 1969 entstanden.
Tod. In: Schatten. Verstreut veröffentlichte Gedichte 1965–1979. Aachen 1998, S. 23.
Es kam die Nachricht. In: Es kam die Nachricht. [Gedichte 1970]. Aachen 1990, S. 21.
… und alles ging so. In: Ebd., S. 23.
Und die Nähe. In: Ebd., S. 27.
War es einmal die Mär. In: Ebd., S. 28.
Du mein. In: Ebd., S. 30.
Das Denken. In: Ebd., S. 34.
Ich warte. In: Ebd., S. 37.
Wenn du gerufen wurdest. In: Ebd., S. 45.
Dich meine ich. In: Ebd., S. 49.
Hier bin ich. In: Ebd., S. 59.
Nach Jahreszeit. In: Ebd., S. 64.
Mein Herzschlag hier. In: Gedichte aus dem Nachlaß. Ebd., S. 204. Das Gedicht ist 1970 entstanden.
Weltliches, das wir. In: Ebd., S. 201. Das Gedicht ist 1970 entstanden.
Wüßt ich, woher. In: Ebd., S. 200. Das Gedicht ist 1970 entstanden.
Nimm, goldne Fäulnis. In: Schatten. Ebd., S. 34.
Da keineswegs. In: Sage vom Ganzen den Satz. [Gedichte 1972] Aachen 1996, S. 28.

Wenn uns noch einmal. In: Ebd., S. 29.
Du hörst mir zu. In: Ebd., S. 32.
Liebesgedanken. In: Ebd., S. 33.
Sein, verfluchtes. In; Ebd., S. 37.
Der Blitz. In: Ebd., S. 38.
Sage vom Ganzen. In: Ebd., S. 58.
Hier. In: Ebd., S. 88.
Getötet. In: Ebd., S. 96.
Im Schlaf und. In: Ebd., S. 98.
An jene Wand gelehnt. In: Ebd., S. 99.
Die Worte sind fertig. In: Ebd., S. 58.
Aphrodite, der Name. In: Im Zeitspalt. [Gedichte 1976].
   Aachen 1994, S. 21.
Sei du mein Sohn. In: Ebd., S. 35.
Die alte Sonne. In: Wandloser Raum. [Gedichte 1976].
   Aachen 1996, S. 21.

Inhalt

Liebestod zweier Worte 5
Das schöne Märchen 6
Die Umgürtung 7
Der Knabe 8
Liebende in herbstlicher Nacht 10
Abend in San Bartolommeo 12
Nachdem du gingest 13
Nahkampf auf einem Rosenfeld 15
Nicht gewußt 16
Kleine Stücke (I) 17
Silberne Spur 18
Höhle 19
Von mir zu Dir 20
Zärtlichkeiten, sie waren 21
Hanfen 22
Gesang vom Hexenstock 23
Wo 25
Winterlich II 26
Einmal eine 27
Hör, wie der Äther 28
Wie Erzählung 29
Ankunft 30
Gern rief ich 31
Daß wiederholtermaßen 32
Welke Blätter 33

Hat sie nicht   34
Die Burg da oben   35
Menschenlied   36
Des Vergangenen   37
Ferner Nachhall   38
Nach dort   39
(Tod)   40
Es kam die Nachricht   41
… und alles ging so   42
Und die Nähe   43
War es einmal die Mär   44
Du mein   45
Das Denken   46
Ich warte   47
Wenn du gerufen wurdest   49
Dich meine ich   50
Hier bin ich   51
Nach Jahreszeit   52
Mein Herzschlag hier   53
Weltliches, das wir   54
Wüßt ich, woher   55
Nimm, goldne Fäulnis   56
Da keineswegs   57
Wenn uns noch einmal   58
Du hörst mir zu   59
Liebesgedanken   60
Sein, verfluchtes   61
Der Blitz   62
Sage vom Ganzen   63

Hier   64
Getötet   65
Im Schlaf und   66
An jene Wand gelehnt   67
Die Worte sind fertig   68
Aphrodite, der Name   69
Sei du mein Sohn   70
Die alte Sonne   71

REINHARD KIEFER
»Liebeswort« und »Todesgedanke«   73

Die Quellen   89

Neue Autoren des Rimbaud Verlages

Ralph Dutli
Notizbuch der Grabsprüche
Gedichte
96 S., brosch., 2002
ISBN 3-89086-748-0

Reinhard Kiefer
schwärmerlatein oder küchenhebräisch
Ausgewählte Gedichte
(Lyrik-Taschenbuch Nr. 9
96 S., brosch., 2000
ISBN 3-89086-781-2

Olga Martynova
Brief an die Zypressen
Gedichte
48 S., fadengeh. Klappenbrosch., 2001
ISBN 3-89086-736-7

Frank Schablewski
Mauersegler
Gedichte
(Lyrik-Taschenbuch Nr. 29
52 S., brosch., 2002
ISBN 3-89086-745-6

Rimbaud Verlagsgesellschaft mbH
Postfach 100 144, D-52001 Aachen
www.rimbaud.de